संतोषी माता व्रत

डिज़ाइन, चित्रांकन : सुजाता साहा

प्रकाशक: डिवाइनभारत

प्रस्तुति: डिवाइनभारत
चित्रांकन एवं डिज़ाइन: सुजाता साहा
ISBN: 978-93-343-5763-9
संस्करण: हिंदी संस्करण
वेबसाइट: www.divinebharat.co
ईमेल: info.divinebharat@gmail.com

विषय सूची

परिचय

संतोषी माता — संतोष, शांति और संतुष्टि की देवी — अनेकों हिंदू घरों में अत्यंत श्रद्धा और प्रेम से पूजी जाती हैं। यद्यपि उनका उल्लेख प्राचीन पुराणों में नहीं मिलता, फिर भी भक्तों के हृदयों में उनकी उपस्थिति अत्यंत सशक्त और व्यापक है। यह श्रद्धा, परंपरा और उनकी उपासना की आध्यात्मिक शक्ति का परिणाम है। मान्यता है कि वे भगवान गणेश की पुत्री हैं, जो उनके पुत्र शुभ और लाभ की बहन की कामना को पूर्ण करने हेतु प्रकट हुईं।

संतोषी माता व्रत एक पवित्र व्रत है, जिसे विशेषकर महिलाएं अपने जीवन में शांति, समृद्धि और सुख की प्राप्ति के लिए अत्यंत श्रद्धा से करती हैं। यह व्रत लगातार सोलह शुक्रवारों (शुक्रवार) को किया जाता है और इसका आधार है — सरलता, संयम और अटूट आस्था। व्रत के दौरान व्रती खट्टे पदार्थों का त्याग करते हैं, गुड़-चना से माता की पूजा करते हैं, व्रत कथा का श्रवण या पाठ करते हैं, और माता से अपनी मनोकामनाओं की पूर्ति का आशीर्वाद माँगते हैं।

यह पुस्तक संतोषी माता व्रत से संबंधित सभी विधियों का संपूर्ण और सरल मार्गदर्शन प्रदान करती है — जैसे उपवास की विधि, आवश्यक सामग्री, विस्तारपूर्वक व्रत कथा, नियम, तथा उद्यापन (समापन विधि)। चाहे आप पहली बार यह व्रत कर रहे हों या वर्षों से कर रहे हों — यह गाइड आपको प्रत्येक चरण श्रद्धा और स्पष्टता के साथ पूर्ण करने में सहायक होगी।

आइए हम सभी संतोष की मूर्ति, करुणामयी माँ संतोषी के चरणों में स्वयं को समर्पित करें और इस व्रत के माध्यम से अपने जीवन में आंतरिक शांति, दिव्य कृपा और पूर्णता का स्वागत करें।

संतोषी माता व्रत हेतु आवश्यक सामग्री

संतोषी माता व्रत को श्रद्धा एवं पूर्ण विधि से संपन्न करने के लिए निम्नलिखित सामग्री एकत्र करें:

पूजा की स्थापना के लिए:

- संतोषी माता की तस्वीर या मूर्ति
- एक स्वच्छ लकड़ी की चौकी या कपड़ा (जिस पर मूर्ति स्थापित की जाए)
- कलश (स्वच्छ जल से भरा हुआ)
- दीपक (अधिकतर घी का उपयोग करें)
- अगरबत्ती
- ताजे व सुगंधित फूल व फूलों की माला
- रोली या कुमकुम
- अक्षत (साबूत चावल)
- मौली (लाल पूजावाली डोरी)
- पंचपात्र एवं अर्घ्य देने के लिए चम्मच
- चंदन का लेप
- छोटी घंटी (घंटी)
- आरती हेतु कपूर

भोग (प्रसाद) के लिए:

• गुड़ (कटे बिना टुकड़ों में – शुद्ध गुड़)

• चना (भुना हुआ, बिना नमक वाला काला चना)

• केला या मौसमी फल (वैकल्पिक, पर भेंट किया जा सकता है)

• सूखा नारियल (वैकल्पिक)

नोट: व्रत के दौरान और पूजा में खट्टे पदार्थ जैसे नींबू, दही, इमली, अचार, टमाटर आदि का किसी भी रूप में उपयोग न करें। व्रती एवं उसके परिवार को भी इनसे परहेज करना चाहिए।

व्रत कथा व आरती के लिए:

• छपी या हाथ से लिखी हुई संतोषी माता व्रत कथा की पुस्तक

प्रसाद वितरण हेतु:

• परिवारजनों को गुड़-चना देने हेतु स्वच्छ थालियाँ या कटोरी

• पूजा के बाद घर में छिड़काव हेतु कलश का जल

संतोषी माता व्रत विधि

संतोषी माता व्रत हर शुक्रवार श्रद्धा और सरलता से किया जाता है। यह व्रत लगातार 16 शुक्रवार तक रखा जाता है या जब तक व्रती की मनोकामना पूर्ण न हो जाए।

1. प्रातःकाल की तैयारी

• सूर्योदय से पूर्व उठें।

• स्नान करके स्वच्छ वस्त्र धारण करें और पूजा स्थान को शुद्ध करें।

• घर के शांत कोने में एक स्वच्छ लकड़ी की चौकी या कपड़ा बिछाएं।

• उस पर संतोषी माता की मूर्ति या तस्वीर स्थापित करें।

2. पूजा की स्थापना

सभी आवश्यक पूजा सामग्री पास में रखें:

• जल से भरा कलश

• घी का दीपक

• गुड़ और चना भोग हेतु

• फूल, अक्षत, कुमकुम, अगरबत्ती, घंटी आदि

3. पूजा विधि

• दीपक और अगरबत्ती जलाएं।

• पूजा स्थान पर थोड़ा जल छिड़ककर शुद्ध करें।

• माता की मूर्ति या चित्र पर कुमकुम और अक्षत अर्पित करें।

• फूल और माला श्रद्धा से चढ़ाएं।

• गुड़ व चना भोग के रूप में माता के समक्ष रखें।

• हाथ जोड़कर प्रार्थना करें या मंत्र जपें:

"ॐ संतोषी माता नमः"

• कपूर या घी के दीपक से आरती करें।

• तत्पश्चात श्रद्धा और एकाग्रता से संपूर्ण व्रत कथा तथा आरती पढ़ें या सुनें।

4. प्रसाद वितरण

• गुड़-चना का प्रसाद परिवारजनों या आस-पड़ोस में बाँटें।

• घर में कलश का जल छिड़कें ताकि घर में शुद्धता और माता की कृपा बनी रहे।

5. व्रत आहार नियम

• व्रत वाले दिन केवल एक बार भोजन करें।

• खट्टे पदार्थ जैसे नींबू, दही, इमली, टमाटर, अचार आदि का सेवन या उपयोग न करें।

• भोजन सादा और सात्विक रखें (जैसे फल, दूध, रोटी-सब्ज़ी बिना प्याज-लहसुन और खट्टे तत्वों के)।

• व्रत के दिन वाणी मधुर रखें, घर स्वच्छ रखें, विवाद या किसी को ठेस पहुँचाने से बचें।

6. उद्यापन (व्रत का समापन)

जब आपकी मनोकामना पूर्ण हो जाए या 16 शुक्रवार पूरे हो जाएँ, तब व्रत का उद्यापन करें:

• खाजा या पूरी, चने की सब्ज़ी, खीर का भोजन बनाएं।

• 8 बालकों को आमंत्रित करें और भोजन कराएं (परिवार, रिश्तेदार या पड़ोस के हों)।

• इस भोजन में खट्टे पदार्थ बिल्कुल न डालें।

• प्रत्येक बालक को एक केला या फल व दक्षिणा दें।

• अंत में संतोषी माता का आभार व्यक्त करें व प्रार्थना करें।

• उद्यापन पूर्ण होने के बाद ही व्रती और परिवारजन भोजन करें।

संतोषी माता व्रत कथा

एक बुढ़िया थी, उसके सात बेटे थे। 6 कमाने वाले थे जबकि एक निक्कमा था। बुढ़िया छहों बेटों की रसोई बनाती, भोजन कराती और उनसे जो कुछ जूठन बचती वह सातवें को दे देती।

एक दिन वह पत्नी से बोला- देखो मेरी माँ को मुझ पर कितना प्रेम है।
वह बोली- क्यों नहीं, सबका झूठा जो तुमको खिलाती है।
वह बोला- ऐसा नहीं हो सकता है। मैं जब तक आँखों से न देख लूं मान नहीं सकता।
बहू हंस कर बोली- देख लोगे तब तो मानोगे।

कुछ दिन बाद त्यौहार आया। घर में सात प्रकार के भोजन और चूरमे के लड्डू बने। वह जांचने को सिर दुखने का बहाना कर पतला वस्त्र सिर पर ओढ़े रसोई घर में सो गया। वह कपड़े में से सब देखता रहा। छहों भाई भोजन करने आए। उसने देखा, माँ ने उनके लिए सुन्दर आसन बिछा नाना प्रकार की रसोई परोसी और आग्रह करके उन्हें जमाया। वह देखता रहा।

छहों भोजन करके उठे तब माँ ने उनकी झूठी थालियों में से लड्डुओं के टुकड़े उठाकर एक लड्डू बनाया।

जूठन साफ कर बुढ़िया माँ ने उसे पुकारा- बेटा, छहों भाई भोजन कर गए अब तू ही बाकी है, उठ तू कब खाएगा।

वह कहने लगा- माँ मुझे भोजन नहीं करना, मैं अब परदेश जा रहा हूँ।

माँ ने कहा- कल जाता हो तो आज चला जा।

वह बोला- हाँ आज ही जा रहा हूँ। यह कह कर वह घर से निकल गया।

सातवें बेटे का परदेश जाना

चलते समय पत्नी की याद आ गई। वह गौशाला में कण्डे (उपले) थाप रही थी।

वहाँ जाकर बोला-

हम जावे परदेश आवेंगे कुछ काल,
तुम रहियो संतोष से धर्म आपनो पाल।

वह बोली-

जाओ पिया आनन्द से हमारो सोच हटाय,
राम भरोसे हम रहें ईश्वर तुम्हें सहाय।
दो निशानी आपन देख धरूं में धीर,
सुधि मति हमारी बिसारियो रखियो मन गम्भीर।

वह बोला- मेरे पास तो कुछ नहीं, यह अंगूठी है सो ले और अपनी कुछ निशानी मुझे दे।

वह बोली- मेरे पास क्या है, यह गोबर भरा हाथ है। यह कह कर उसकी पीठ पर गोबर के हाथ की थाप मार दी। वह चल दिया, चलते-चलते दूर देश पहुँचा।

परदेश मे नौकरी

वहाँ एक साहूकार की दुकान थी। वहाँ जाकर कहने लगा- भाई मुझे नौकरी पर रख लो।

साहूकार को जरूरत थी, बोला- रह जा।

लड़के ने पूछा- तनखा क्या दोगे।

साहूकार ने कहा- काम देख कर दाम मिलेंगे। साहूकार की नौकरी मिली, वह सुबह 7 बजे से 10 बजे तक नौकरी बजाने लगा। कुछ दिनों में दुकान का सारा लेन-देन, हिसाब-किताब, ग्राहकों को माल बेचना सारा काम करने लगा। साहूकार के सात-आठ नौकर थे, वे सब चक्कर खाने लगे, यह तो बहुत होशियार बन गया।

सेठ ने भी काम देखा और तीन महीने में ही उसे आधे मुनाफे का हिस्सेदार बना लिया। वह कुछ वर्ष में ही नामी सेठ बन गया और मालिक सारा कारोबार उसपर छोड़कर चला गया।

पति की अनुपस्थिति में सास का अत्याचार

इधर उसकी पत्नी को सास ससुर दुःख देने लगे, सारी गृहस्थी का काम कराके उसे लकड़ी लेने जंगल में भेजते। इस बीच घर के आटे से जो भूसी निकलती उसकी रोटी बनाकर रख दी जाती और फूटे नारियल की नारेली में पानी। एक दिन वह लकड़ी लेने जा रही थी, रास्ते में बहुत सी स्त्रियां संतोषी माता का व्रत करती दिखाई दी।

संतोषी माता का व्रत

वह वहाँ खड़ी होकर कथा सुनने लगी और पूछा- बहिनों तुम किस देवता का व्रत करती हो और उसके करने से क्या फल मिलता है। यदि तुम इस व्रत का विधान मुझे समझा कर कहोगे तो मैं तुम्हारा बड़ा अहसान मानूंगी।

तब उनमें से एक स्त्री बोली- सुनो, यह संतोषी माता का

व्रत है। इसके करने से निर्धनता, दरिद्रता का नाश होता है और जो कुछ मन में कामना हो, सब संतोषी माता की कृपा से पूरी होती है। तब उसने उससे व्रत की विधि पूछी।

संतोषी माता व्रत विधि

वह भक्तिनि स्त्री बोली- सवा आने का गुड़ चना लेना, इच्छा हो तो सवा पांच आने का लेना या सवा रुपए का भी सहूलियत के अनुसार लाना। बिना परेशानी और श्रद्धा व प्रेम से जितना भी बन पड़े सवाया लेना। प्रत्येक शुक्रवार को निराहार रह कर कथा सुनना, इसके बीच क्रम टूटे नहीं, लगातार नियम पालन करना, सुनने वाला कोई न मिले तो घी का दीपक जला उसके आगे या जल के पात्र को सामने रख कर कथा कहना। जब कार्य सिद्ध न हो नियम का पालन करना और कार्य सिद्ध हो जाने पर व्रत का उद्यापन करना।

तीन मास में माता फल पूरा करती है। यदि किसी के ग्रह खोटे भी हों, तो भी माता वर्ष भर में कार्य सिद्ध करती है, फल सिद्ध होने पर उद्यापन करना चाहिए बीच में नहीं। उद्यापन में अढ़ाई सेर आटे का खाजा तथा इसी परिमाण

से खीर तथा चने का साग करना। आठ लड़कों को भोजन कराना, जहाँ तक मिलें देवर, जेठ, भाई-बंधु के हों, न मिले तो रिश्तेदारों और पास-पड़ोसियों को बुलाना। उन्हें भोजन करा यथा शक्ति दक्षिणा दे माता का नियम पूरा करना। उस दिन घर में खटाई न खाना। यह सुन बुढ़िया के लड़के की बहू चल दी।

व्रत का प्रण करना और माँ संतोषी का दर्शन देना-
रास्ते में लकड़ी के बोझ को बेच दिया और उन पैसों से गुड़-चना ले माता के व्रत की तैयारी कर आगे चली और सामने मंदिर देखकर पूछने लगी- यह मंदिर किसका है। सब कहने लगे संतोषी माता का मंदिर है, यह सुनकर माता के मंदिर में जाकर चरणों में लोटने लगी।
दीन हो विनती करने लगी- माँ मैं निपट अज्ञानी हूँ, व्रत के कुछ भी नियम नहीं जानती, मैं दुःखी हूँ। हे माता ! जगत जननी मेरा दुःख दूर कर मैं तेरी शरण में हूँ।

माता को दया आई- एक शुक्रवार बीता कि दूसरे को उसके पति का पत्र आयाऔर तीसरे शुक्रवार को उसका भेजा हुआ पैसा आ पहुँचा। यह देख जेठ-जिठानी मुंह सिकोडऩे लगे।

लड़के ताने देने लगे- काकी के पास पत्र आने लगे, रुपया आने लगा, अब तो काकी की खातिर बढ़ेगी।
बेचारी सरलता से कहती- भैया कागज आवे रुपया आवे हम सब के लिए अच्छा है। ऐसा कह कर आँखों में आँसू भरकर संतोषी माता के मंदिर में आ मातेश्वरी के चरणों में गिरकर रोने लगी। माँ मैंने तुमसे पैसा कब माँगा है।

मुझे पैसे से क्या काम है। मुझे तो अपने सुहाग से काम है। मैं तो अपने स्वामी के दर्शन माँगती हूँ। तब माता ने प्रसन्न होकर कहा- जा बेटी, तेरा स्वामी आयेगा।

यह सुनकर खुशी से बावली होकर घर में जा काम करने लगी। अब संतोषी माँ विचार करने लगी, इस भोली पुत्री को मैंने कह तो दिया कि तेरा पति आयेगा लेकिन कैसे? वह तो इसे स्वप्न में भी याद नहीं करता।

उसे याद दिलाने को मुझे ही जाना पड़ेगा। इस तरह माता जी उस बुढ़िया के बेटे के पास जा स्वप्न में प्रकट हो कहने लगी- साहूकार के बेटे, सो रहा है या जागता है।
वह कहने लगा- माता सोता भी नहीं, जागता भी नहीं हूँ कहो क्या आज्ञा है?

माँ कहने लगी- तेरे घर-बार कुछ है कि नहीं।
वह बोला- मेरे पास सब कुछ है माँ-बाप है बहू है क्या कमी है।
माँ बोली- भोले पुत्र तेरी बहू घोर कष्ट उठा रही है, तेरे माँ-बाप उसे परेशानी दे रहे हैं। वह तेरे लिए तरस रही है, तू उसकी सुध ले।
वह बोला- हाँ माता जी यह तो मालूम है, परंतु जाऊं तो कैसे? परदेश की बात है, लेन-देन का कोई हिसाब नहीं, कोई जाने का रास्ता नहीं आता, कैसे चला जाऊं?
माँ कहने लगी- मेरी बात मान, सवेरे नहा धोकर संतोषी माता का नाम ले, घी का दीपक जला दण्डवत कर दुकान पर जा बैठ।

देखते-देखते सारा लेन-देन चुक जाएगा, जमा का माल बिक जाएगा, सांझ होते-होते धन का भारी ठेर लग जाएगा। अब बूढ़े की बात मानकर वह नहा धोकर संतोषी माता को दण्डवत धी का दीपक जला दुकान पर जा बैठा। थोड़ी देर में देने वाले रुपया लाने लगे, लेने वाले हिसाब लेने लगे। कोठे में भरे सामान के खरीददार नकद दाम दे सौदा करने लगे। शाम तक धन का भारी ठेर लग गया। मन में माता का नाम ले चमत्कार देख

प्रसन्न हो घर ले जाने के वास्ते गहना, कपड़ा सामान खरीदने लगा। यहाँ काम से निपट तुरंत घर को रवाना हुआ।

उधर उसकी पत्नी जंगल में लकड़ी लेने जाती है, लौटते वक्त माताजी के मंदिर में विश्राम करती। वह तो उसके प्रतिदिन रुकने का जो स्थान ठहरा, धूल उड़ती देख वह माता से पूछती है- हे माता! यह धूल कैसे उड़ रही है? माता कहती है- हे पुत्री तेरा पति आ रहा है। अब तू ऐसा कर लकड़ियों के तीन बोझ बना ले, एक नदी के किनारे रख और दूसरा मेरे मंदिर पर व तीसरा अपने सिर पर।

तेरे पति को लकड़ियों का गट्ठर देख मोह पैदा होगा, वह यहाँ रुकेगा, नाश्ता-पानी खाकर माँ से मिलने जाएगा, तब तू लकड़ियों का बोझ उठाकर जाना और चौक में गट्ठर डालकर जोर से आवाज लगाना- लो सासूजी, लकडिय़ों का गट्ठर लो, भूसी की रोटी दो, नारियल के खेपड़े में पानी दो, आज मेहमान कौन आया है? माताजी से बहुत अच्छा कहकर वह प्रसन्न मन से लकड़ियों के तीन गट्ठर बनाई। एक नदी के किनारे पर और एक माताजी के मंदिर पर रखा।

इतने में मुसाफिर आ पहुँचा। सूखी लकड़ी देख उसकी इच्छा उत्पन्न हुई कि हम यही पर विश्राम करें और भोजन बनाकर खा-पीकर गाँव जाएं। इसी तरह रुक कर भोजन बना, विश्राम करके गाँव को गया। सबसे प्रेम से मिला। उसी समय सिर पर लकड़ी का गट्ठर लिए वह उतावली सी आती है। लकड़ियों का भारी बोझ आंगन में डालकर जोर से तीन आवाज देती है- लो सासूजी, लकड़ियों का गट्ठर लो, भूसी की रोटी दो। आज मेहमान कौन आया है।

यह सुनकर उसकी सास बाहर आकर अपने दिए हुए कष्टों को भुलाने हेतु कहती है- बहु ऐसा क्यों कहती है? तेरा मालिक ही तो आया है। आ बैठ, मीठा भात खा, भोजन कर, कपड़े-गहने पहिन। उसकी आवाज सुन उसका पति बाहर आता है। अंगूठी देख व्याकुल हो जाता है।

माँ से पूछता है- माँ यह कौन है?

माँ बोली- बेटा यह तेरी बहु है। जब से तू गया है तब से सारे गाँव में भटकती फिरती है। घर का काम-काज कुछ करती नहीं, चार पहर आकर खा जाती है।

वह बोला- ठीक है माँ मैंने इसे भी देखा और तुम्हें भी, अब दूसरे घर की ताली दो, उसमें रहूँगा।
माँ बोली- ठीक है, जैसी तेरी मरजी। तब वह दूसरे मकान की तीसरी मंजिल का कमरा खोल सारा सामान जमाया। एक दिन में राजा के महल जैसा ठाट-बाट बन गया। अब क्या था? बहु सुख भोगने लगी। इतने में शुक्रवार आया।

शुक्रवार व्रत के उद्यापन में हुई भूल, किया खटाई का इस्तेमाल-
उसने पति से कहा- मुझे संतोषी माता के व्रत का उद्यापन करना है।
पति बोला- खुशी से कर लो। वह उद्यापन की तैयारी करने लगी। जिठानी के लड़कों को भोजन के लिए कहने गई। उन्होंने मंजूर किया परन्तु पीछे से जिठानी ने अपने बच्चों को सिखाया, देखो, भोजन के समय खटाई माँगना, जिससे उसका उद्यापन पूरा न हो।

लड़के जीमने आए खीर खाना पेट भर खाया, परंतु बाद में खाते ही कहने लगे- हमें खटाई दो, खीर खाना हमको नहीं भाता, देखकर अरुचि होती है।

वह कहने लगी- भाई खटाई किसी को नहीं दी जाएगी। यह तो संतोषी माता का प्रसाद है।
लड़के उठ खड़े हुए, बोले- पैसा लाओ, भोली बहू कुछ जानती नहीं थी, उन्हें पैसे दे दिए।

लड़के उसी समय हठ करके इमली खटाई ले खाने लगे। यह देखकर बहु पर माताजी ने कोप किया। राजा के दूत उसके पति को पकड़ कर ले गए। जेठ जेठानी मन-माने वचन कहने लगे। लूट-लूट कर धन इकट्ठा कर लाया है, अब सब मालूम पड़ जाएगा जब जेल की मार खाएगा। बहू से यह सहन नहीं हुए।

माँ संतोषी से माँगी माफी-
रोती हुई माताजी के मंदिर गई, कहने लगी- हे माता! तुमने क्या किया, हंसा कर अब भक्तों को रुलाने लगी।
माता बोली- बेटी तूने उद्यापन करके मेरा व्रत भंग किया है।
वह कहने लगी- माता मैंने कुछ अपराध किया है, मैंने तो भूल से लड़कों को पैसे दे दिए थे, मुझे क्षमा करो। मैं फिर तुम्हारा उद्यापन करूँगी।
माँ बोली- अब भूल मत करना।

वह कहती है- अब भूल नहीं होगी, अब बतलाओ वे कैसे आवेंगे?

माँ बोली- जा पुत्री तेरा पति तुझे रास्ते में आता मिलेगा।

वह निकली, राह में पति आता मिला।

वह पूछी- कहाँ गए थे?

वह कहने लगा- इतना धन जो कमाया है उसका टैक्स राजा ने माँगा था, वह भरने गया था।

वह प्रसन्न हो बोली- भला हुआ, अब घर को चलो। कुछ दिन बाद फिर शुक्रवार आया..

फिर किया व्रत का उद्यापन

वह बोली- मुझे फिर माता का उद्यापन करना है।

पति ने कहा- करो, बहु फिर जेठ के लड़कों को भोजन को कहने गई। जेठानी ने एक दो बातें सुनाई और सब लड़कों को सिखाने लगी। तुम सब लोग पहले ही खटाई माँगना। लड़के भोजन से पहले कहने लगे- हमें खीर नहीं खानी, हमारा जी बिगड़ता है, कुछ खटाई खाने को दो।

वह बोली- खटाई किसी को नहीं मिलेगी, आना हो तो आओ, वह ब्राह्मण के लड़के लाकर भोजन कराने लगी, यथा शक्ति दक्षिणा की जगह एक-एक फल उन्हें दिया। संतोषी माता प्रसन्न हुई।

संतोषी माता का फल

माता की कृपा होते ही नवमें मास में उसके चन्द्रमा के समान सुन्दर पुत्र प्राप्त हुआ। पुत्र को पाकर प्रतिदिन माता जी के मंदिर को जाने लगी।

माँ ने सोचा- यह रोज आती है, आज क्यों न इसके घर चलूं। यह विचार कर माता ने भयानक रूप बनाया, गुड़-चने से सना मुख, ऊपर सूंड के समान होठ, उस पर मक्खियां भिन-भिन कर रही थी।

देहली पर पैर रखते ही उसकी सास चिल्लाई- देखो रे, कोई चुड़ैल डाकिन चली आ रही है, लड़कों इसे भगाओ, नहीं तो किसी को खा जाएगी। लड़के भगाने लगे, चिल्लाकर खिड़की बंद करने लगे।

बहु रौशनदान में से देख रही थी, प्रसन्नता से पगली बन चिल्लाने लगी- आज मेरी माता जी मेरे घर आई है। वह बच्चे को दूध पीने से हटाती है। इतने में सास का क्रोध फट पड़ा।

वह बोली- क्या उतावली हुई है? बच्चे को पटक दिया। इतने में माँ के प्रताप से लड़के ही लड़के नजर आने लगे। वह बोली- माँ मैं जिसका व्रत करती हूँ यह संतोषी माता है।

सबने माता जी के चरण पकड़ लिए और विनती कर कहने लगे- हे माता! हम मूर्ख हैं, अज्ञानी हैं, तुम्हारे व्रत की विधि हम नहीं जानते, व्रत भंग कर हमने बड़ा अपराध किया है, जग माता आप हमारा अपराध क्षमा करो। इस प्रकार माता प्रसन्न हुई। बहू को प्रसन्न हो जैसा फल दिया, वैसा माता सबको दे, जो पढ़े उसका मनोरथ पूर्ण हो।

बोलो संतोषी माता की जय।

मां संतोषी आरती

जय सन्तोषी माता,
मैया जय सन्तोषी माता ।
अपने सेवक जन की,
सुख सम्पति दाता ॥
जय सन्तोषी माता,
मैया जय सन्तोषी माता ।
सुन्दर चीर सुनहरी,
मां धारण कीन्हो ।
हीरा पन्ना दमके,
तन श्रृंगार लीन्हो ॥

जय सन्तोषी माता,
मैया जय सन्तोषी माता ॥
गेरू लाल छटा छबि,
बदन कमल सोहे ।
मंद हंसत करुणामयी,
त्रिभुवन जन मोहे ॥

जय सन्तोषी माता,
मैया जय सन्तोषी माता ॥
स्वर्ण सिंहासन बैठी,
चंवर दुरे प्यारे ।
धूप, दीप, मधु, मेवा,
भोज धरे न्यारे ॥
जय सन्तोषी माता,
मैया जय सन्तोषी माता ॥

गुड़ अरु चना परम प्रिय,
तामें संतोष कियो ।
संतोषी कहलाई,
भक्तन वैभव दियो ॥
जय सन्तोषी माता,
मैया जय सन्तोषी माता ॥
शुक्रवार प्रिय मानत,
आज दिवस सोही ।
भक्त मंडली छाई,
कथा सुनत मोही ॥

जय सन्तोषी माता,
मैया जय सन्तोषी माता ॥
मंदिर जग मग ज्योति,
मंगल ध्वनि छाई ।
विनय करें हम सेवक,
चरनन सिर नाई ॥

जय सन्तोषी माता,
मैया जय सन्तोषी माता ॥
भक्ति भावमय पूजा,
अंगीकृत कीजै ।
जो मन बसे हमारे,
इच्छित फल दीजै ॥
जय सन्तोषी माता,
मैया जय सन्तोषी माता ॥
दुखी दारिद्री रोगी,
संकट मुक्त किए ।
बहु धन धान्य भरे घर,
सुख सौभाग्य दिए ॥

जय सन्तोषी माता,
मैया जय सन्तोषी माता ॥
ध्यान धरे जो तेरा,
वांछित फल पायो ।
पूजा कथा श्रवण कर,
घर आनन्द आयो ॥
जय सन्तोषी माता,
मैया जय सन्तोषी माता ॥

चरण गहे की लज्जा,
रखियो जगदम्बे ।
संकट तू ही निवारे,
दयामयी अम्बे ॥
जय सन्तोषी माता,
मैया जय सन्तोषी माता ॥
सन्तोषी माता की आरती,
जो कोई जन गावे ।
रिद्धि सिद्धि सुख सम्पति,
जी भर के पावे ॥

जय सन्तोषी माता,
मैया जय सन्तोषी माता ।
अपने सेवक जन की,
सुख सम्पति दाता ॥

जय सन्तोषी माता,
मैया जय सन्तोषी माता ।

बोलो संतोषी माता की जय।

www.ingramcontent.com/pod-product-compliance
Lightning Source LLC
LaVergne TN
LVHW022111071026
849580LV00014B/2067
* 9 7 8 9 3 3 4 3 5 7 6 3 9 *